AF440281

LE

CLÉRICALISME

VOILA L'ENNEMI !

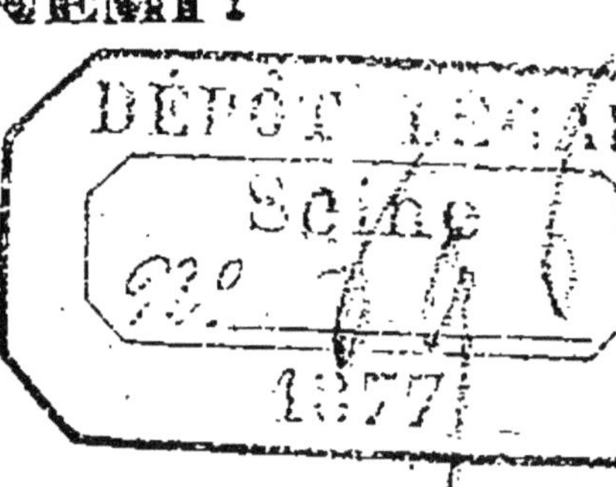

PARIS

FÉCHOZ, LIBRAIRE-ÉDITEUR

5, rue des Saints-Pères, 5

—

1877

LE CLÉRICALISME,

Voilà l'ennemi !

Les radicaux dirigent au grand jour tous leurs efforts contre le gouvernement qui vient d'entrer résoluement en lutte contre eux ; ils annoncent leur triomphe prochain, ne négligent rien pour l'assurer et promettent leur revanche qui sera l'amnistie des incendiaires et des assassins, la religion proscrite, l'instruction athée, l'armée dissoute, le mariage libre, l'abolition du capital, le partage et le retour à la Commune, aux incendies, aux pillages, aux massacres d'otages.

En face d'un péril social aussi manifeste, que la lâcheté ou de viles passions voudraient dissimuler, il s'est trouvé des hommes assez impudents pour oser dire à la France inquiète qu'elle ne voit pas le véritable danger et la troubler par ce cri d'alarmes : LE CLÉRICALISME, VOILA L'ENNEMI !

Qui l'aurait cru ? L'on fait publiquement l'apologie des communeux, on réclame tous les jours leur amnistie, on

annonce leur revanche éclatante, défini-
tive, et l'ennemi, c'est le cléricalisme !

Les fous furieux qui, pour conserver le
pouvoir, ont indéfiniment prolongé la
guerre contre la Prusse, achevé de per-
dre nos deux provinces et nos cinq milliards, sont près de revenir au pouvoir...
et l'ennemi, c'est le cléricalisme !

Les radicaux travaillent, ouvertement, à
l'anéantissement de la France... et l'ennemi, c'est le cléricalisme !

La France est-elle donc une maison d'a-
liénés qu'il soit ainsi permis du haut d'une
tribune française, de souffleter impuné-
ment, le bon sens public par les plus sots
et les plus ridicules mensonges, par les
imputations les plus saugrenues ?

Car cette parole étrange a été prononcée
en pleine Chambre des Députés par M. Gambetta, le fou furieux, le dictateur de l'in-
capacité ; et il n'a pas été hué, il n'a pas
été confié aux bons soins des gendarmes
pour être conduit dans une maison de
santé : on a applaudi.

Et bien des gens se font ses complices
ou se préparent à devenir ses dupes qui ré-
pètent sans grande malice, sans trop savoir
pourquoi : Le cléricalisme, voilà l'ennemi !

Qu'est-ce donc que le cléricalisme ? Quel
danger intérieur ou extérieur crée-t-il à la
France ? Que doit-on attendre de lui ?

I

Le cléricalisme est assez difficile à définir. Ceux qui l'attaquent, commencent ordinairement par protester d'un respect hypocrite pour Dieu, pour la religion, pour le clergé, pour les catholiques sincères : ils honorent, disent-ils, toutes les croyances, toutes les opinions, — les mauvaises comme les bonnes, — réclament la liberté de conscience, la liberté pour tous.

Mais bientôt on s'aperçoit qu'ils n'admettent pas que le père de famille fasse donner à ses enfants une éducation religieuse. Il faut, à leur avis, que, en dépit de la liberté de conscience, l'instruction publique soit obligatoirement athée ; que, en dépit de la liberté individuelle, les Frères des Écoles chétiennes, les religieuses des ordres enseignants soient chassés de France ; que, en dépit de la liberté d'association et de propriété, les congrégations soient dépossédées de leurs biens. Les universités libres, à peine créées, doivent être fermées.

Ainsi l'instruction religieuse, voilà l'ennemi... voilà le cléricalisme.

Des âmes charitables, des hommes dévoués aux intérêts du peuple, ont fondé dans la plupart des villes de France des maisons de patronage pour les apprentis et des cercles d'ouvriers. Ils cherchent en mettant à leur disposition des jeux et des bibliothèques, en leur faisant faire des promenades, de la musique, de la gymnastique, à les tenir éloignés des cabarets et des mauvaises sociétés pendant les heures et les jours de repos. Ce sont des laïques, jeunes gens ou pères de famille, qui dirigent ces œuvres ; ils évitent les questions brûlantes de la politique, ils se contentent de moraliser, assurés que le reste viendra de lui-même... voilà le cléricalisme.

Vous tenez à vous marier à l'église pour que votre union, bénie par Dieu, soit une chose sainte et ne ressemble pas à l'accouplement des bêtes : vieux préjugé ! Des radicaux, les uns demandent le divorce, les autres réclament le mariage libre, c'est-à-dire, sans cérémonie, sans engagement, aussi facile à contracter qu'à rompre, le mariage sans mariage... voilà le cléricalisme.

Vous voulez faire baptiser vos enfants, leur faire faire leur première communion... voilà le cléricalisme.

Vous demandez pour vos chers morts ces cérémonies si consolantes de l'Église qui proclament que tout n'est pas mort en eux et qu'ils sont appelés à un séjour d'éternel bonheur, où il vous est permis d'espérer les retrouver un jour. Vous désirez n'être pas enfoui honteusement au milieu d'un champ comme un chien ; vous souhaitez que votre dernière demeure soit marquée de la croix, symbôle d'espérance, que vos parents et vos amis puissent y accompagner en priant votre dépouille mortelle. Eh bien !... voilà le cléricalisme.

Les radicaux ont cru remarquer un accroissement dans le nombre de ces hommes, de ces femmes qui consacrent leur vie à la prière et aux bonnes œuvres, voilà le cléricalisme.

Suivant eux, les aumôniers militaires doivent être supprimés. L'État, qui dispose de la vie de vos frères et de vos enfants, peut accorder des chirurgiens aux blessés, des fossoyeurs aux morts, mais non des aumôniers pour guider les vivants et consoler les mourants. Les aumôniers militaires... voilà le cléricalisme.

En 1789, on a pris au clergé pour une valeur de plus de 3 milliards de biens qu'on déclara nationaux et qu'on vendit ; on s'engageait en retour à payer une rente perpétuelle bien inférieure aux intérêts de ce capital. Cette convention fut ratifiée depuis par le concordat, et tous les gouvernements ont tenu à faire honneur aux engagements de la France. Mais pour les radicaux, voler les curés n'est pas voler. Le clergé indemnisé de ce dont on l'a spolié... voilà le cléricalisme.

Les évêques ont jadis tiré l'Europe de barbarie ; on a pu dire d'eux qu'ils ont formé la France. Pendant des siècles, intrépides soldats du droit et de la liberté, ils ont été le seul recours des opprimés contre leurs oppresseurs. Maintenant encore, comme ils l'ont montré pendant la guerre, ils sont prêts à jouer ce beau rôle. Mais les radicaux prétendent, au nom de ce qu'ils appellent les libertés de l'Église gallicane, les asservir au pouvoir civil, en faire des fonctionnaires de l'État. Singulières libertés que celles qui permettraient à l'État de diriger nos consciences par l'entremise des évêques ! Les évêques parlant librement, prêchant la paix et la concorde, la soumission aux autorités constituées, rappelant qu'il faut rendre à César ce qui est à César et à Dieu ce qui est à Dieu... voilà le cléricalisme.

Le Souverain Pontife, relégué dans son palais du Vatican sans secours et sans puissance, voilà l'ennemi ! Écouter les graves enseignements de celui qui est pour les catholiques du monde entier le représentant de Dieu sur la terre, manifester la crainte que les Italiens, après l'avoir dépouillé de tous ses biens, de tout son pouvoir temporel, ne témoignent pas assez de respect pour sa personne et empiètent sur sa liberté et par conséquent sur la nôtre... voilà le cléricalisme.

Donc tout acte religieux privé ou public, toute démonstration religieuse ou seulement moralisatrice est cléricalisme ; l'existence même du clergé, prêtres, religieux,

aumôniers, évêques, Pape, est cléricalisme :
l'idée seule d'un Dieu et d'un culte
à lui rendre est cléricalisme. Les radicaux
mentent donc dans leurs protestations
hypocrites de respect et leurs préten-
tions à la liberté pour tous : il leur faut
l'athéisme et la démoralisation.

Et maintenant quels hommes faut-il en-
tendre par les *cléricaux*? Demandez-le à
M. Gambetta ; il vous répondra que depuis
déjà quelques années, il n'y a plus aucune
dissidence parmi le clergé et les catholiques français, que tous, prêtres et laïques,
font profession d'une égale et entière soumission aux évêques, au Pape, que tous
sont unis dans la même pensée, dans les
mêmes désirs, en un mot que tous les catholiques sont cléricaux. Tous les catholiques! nous sommes trente millions de
catholiques en France ; nous sommes donc
une immense majorité cléricale, et, d'après
la loi des majorités, qui est la loi suprême
des radicaux, ils ne sont que des factieux,
tandis que ce que nous pensons est bien
pensé, ce que nous voulons est bien voulu,
ce que nous faisons est bien fait. Nous ne
sommes pas les ennemis de la France :
nous sommes la France elle-même.

II

Le cléricalisme ainsi défini, ou pour par-
ler plus intelligiblement, la religion, le sen

timent religieux, le catholicisme en particulier, sont-ils un danger intérieur ou extérieur pour la France?

Le cléricalisme coopèrerait-il à la désorganisation actuelle, l'anéantissement qui serait le sort de la France si elle tombait aux mains des radicaux? Dans leurs vagues déclamations, on ne trouve que des affirmations sans preuves, des accusations calomnieuses, des craintes imaginaires.

Quel danger y a-t-il à ce que, dans les écoles, on enseigne aux enfants la religion qui leur apprend leurs devoirs envers leurs parents, envers leurs supérieurs, envers la patrie? Partout et de tous temps, la religion a été enseignée aux enfants et il ne semble pas qu'aucun empire soit jamais tombé parce que la jeunesse y était religieuse.

Prétendre que l'enseignement congréganiste comprime la pensée de l'enfant, le prépare au servilisme et à la superstition, est pure plaisanterie. Tous les concours établissent que l'enseignement congréganiste forme des élèves plus intelligents, plus instruits que l'enseignement laïque, et il est à croire que ces jeunes lauréats sont d'aussi bons sujets, sous tous rapports, que leurs concurrents moins heureux. S'il fallait choisir entre l'enseignement congréganiste et l'enseignement laïque, c'est celui-ci qu'il faudrait supprimer, comme de beaucoup le plus coûteux et donnant de moins bons résultats.

Les radicaux se lamentent de voir les ordres religieux se développer: pensent-ils que ces hommes de retraite et de prière vont leur disputer les places qu'eux-mêmes convoitent? ont-ils peur qu'il y ait trop de serviteurs des pauvres? ou craignent-ils qu'enhardis par le nombre, les Jésuites et les Dominicains se décident à brûler Paris et à fusiller des otages? Jusqu'à présent Jésuites et Dominicains se sont trouvés au mauvais bout du fusil et pourtant ils ne parlent pas de revanche. Non, la multiplication des hommes modestes, sans ambition, satisfaits de leur sort, dévoués au peuple n'est pas un danger pour la France.

On ne peut rendre au clergé les biens qu'on lui a pris, il faut donc continuer à lui en servir la rente. Quand payer ses dettes serait du cléricalisme, il n'en faut pas moins les payer.

Il n'y a pas de raison pour croire que les soldats dociles à l'influence des aumôniers militaires ne seront pas les plus disciplinés à la caserne, les plus braves au feu.

Que reproche-t-on aux maisons de patronage et aux cercles d'ouvriers? Les ouvriers qui pratiquent la religion, lisent, se contentent de plaisirs permis, ne fréquentent ni les clubs politiques, ni les cabarets, sont-ils pour cela seul moins honnêtes gens, moins bons pères de famille, moins bons ouvriers?

Faut-il pour trouver ces prétendus dangers du cléricalisme, prétendre que les pèlerinages sont une provocation aux barricades, le mariage religieux au concubinage, l'enterrement religieux à l'enfouissement civil, les lettres pastorales des évêques aux obscénités et aux impiétés du *Père Duchêne*, de la *Lanterne*, des *Droits de l'homme*, du *Rappel?*

Certes le reproche fait aux catholiques par les radicaux, d'excitation à la discorde, d'inquiétudes données au pays, d'empiètement sur l'autorité de l'État, est inattendu : il ressemblerait fort, s'il pouvait être sincère, à la paille vue dans l'œil du voisin.

Mais les radicaux affirment encore que le cléricalisme inquiète l'Europe. Par des protestations de dévouement au Saint-Père et dans le but de rendre Rome à son légitime souverain, les catholiques prépareraient les esprits à une guerre contre l'Italie. Il est vrai que les Italiens, en s'emparant de la capitale de la chrétienté dès que nous avons eu le dos tourné, ont manqué à la foi des traités, violé des promesses réitérées et même compromis leur œuvre d'unité italienne : Rome entre leurs mains est une menace pour eux-mêmes. Cependant les catholiques français ne songent nullement à entraîner leur patrie dans des complications européennes. Ce n'est pas eux qui ont jamais dit: Périsse la

France plutôt qu'un principe ! Ils réclament seulement, comme leur droit, l'indépendance du Saint-Père : mais ils ne veulent ét ne désirent pas la guerre pour cela. Les faits d'ailleurs parlent plus haut que toutes les divagations radicales : M. le maréchal de Mac-Mahon est catholique, M. le Président du Conseil des ministres est catholique ; ils ne déclarent pas la guerre, ils s'engagent au contraire à employer tous leurs efforts au maintien de la paix.

Si la France est alarmée, si l'Europe est inquiète, il faut l'attribuer uniquement aux radicaux qui déclament sur la guerre quand personne ne la veut et suscitent des embarras au gouvernement par leurs odieuses calomnies qui ne font point honneur à leur pariotitsme. Ils savent bien qu'il n'y a pas un mot à croire de tout ce qu'ils disent : cette indignation feinte, ces clameurs, ce beau zèle ne sont qu'une tactique égoïste. Il s'agit pour MM. Gambetta et comparses de donner quelque satisfaction à leurs électeurs radicaux. Sous prétexte *d'opportunisme*, ils n'ont rien réalisé du programme qui leur avait été imposé, les farceurs ! mais ils pourront dire : « Nous avons dénoncé le cléricalisme. » Ils n'ajouteront pas : « Et par nos mensonges, nous avons compromis la paix. »

III

La religion crue, honorée, pratiquée, loin d'être un péril pour l'Etat, est la première des nécessités sociales. « Partout où il y a une société établie, une religion est nécessaire ; les lois veillent sur les crimes connus et la religion sur les crimes secrets. » Telle était l'opinion de Voltaire. Danton, Saint-Just, Robespierre et la plupart des fétiches révolutionnaires, quoique peu dévots et enfants d'un siècle incrédule, ont reconnu la nécessité d'une religion. Sans religion, en effet, aucun Etat ne peut subsister. Elle seule est capable de faire pénétrer dans les masses ces principes de morale qu'on inscrirait en vain dans les lois ; elle seule peut faire prendre patience aux malheureux accablés par la souffrance et le travail en leur assurant une autre vie où les misères de celle-ci, vaillamment supportées, leur obtiendront une éternelle récompense. Si l'homme n'était que de ce monde, et pour ce monde, il y aurait droit à la satisfaction de tous ses appétits et par tous les moyens : il pourrait sans scrupules bouleverser sa patrie et la ruiner. L'égoïste et dangereuse politique des radicaux leur vient tout entière dans leur irréligion.

Aussi les œuvres que les catholiques ont créées ou remplies de leur esprit sont-elles l'espoir d'une France meilleure. Une réaction se fait partout sentir contre l'incrédulité du siècle dernier, qui produisant ses fruits politiques avait amené la Terreur de 93, coûté plus de 50 milliards et causé 25 ans de guerres. Ces démonstrations pacifiques des pèlerinages, cette union du clergé, cet amour filial des catholiques pour le Saint-Père, en sont des signes évidents. Une régénération se prépare lentement et sûrement par les écoles, par les cercles, par toutes ces œuvres de foi et de charité où se rencontrent les hommes les plus divers d'opinion, unis dans une même pensée.

Les conservateurs, malheureusement divisés en tout, se rapprochent sur la question religieuse ; les plus tièdes en politique ne sont point hostiles à la religion, et, depuis ceux qui ne trouvent que la force à opposer à l'anarchie jusqu'à ceux qui font primer le droit sur la force et le devoir sur le droit, on voit le sentiment religieux s'activer dans la même mesure que s'élèvent les principes politiques, de sorte que les hommes les plus conservateurs sont en même temps les plus chrétiens. La religion est donc le point de contact de tout ce qui n'est pas radical en France. Qu'elle soit aussi le moyen de ralliement ! C'est par l'union de toutes les forces conservatrices que la religion, le cléricalisme si vous voulez, sauvera la France.

Les radicaux l'ont bien compris et ont
jeté le cri d'alarme : LE CLÉRICALISME, VOILA
L'ENNEMI ! Oui, voilà l'ennemi ; non pas
l'ennemi de la France, de ses institutions,
de sa prospérité, de sa tranquillité, de
sa grandeur et de sa gloire ; non pas
de l'Europe, autant et plus religieuse
que la France ; mais l'ennemi des doctri-
nes radicales, des menées radicales, des
espérances radicales.

Si pour les radicaux : LE CLÉRICALISME,
VOILA L'ENNEMI ! pour nous, tous conservateurs : La religion, voilà le salut !

Paris. — Imp. SOUSSENS et C⁰, rue de Lille, 51.